JN094634

サッカー
勝つテーピングスキル
目的別 完全マニュアル

日本スポーツ協会公認アスレティックトレーナー
久保田武晴監修

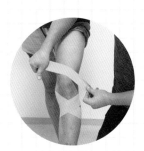

メイツ出版

は じ め に

　サッカーは幼少期からご年配の方まで、多くの人が世界中で楽しめるスポーツです。だからこそ、身体を正しくケアしながら、長くプレーしたいものです。

　サッカーという競技は走る、止まる、ジャンプして着地する、方向転換するなどを、対戦相手のいる中で行います。そして敵味方が密集した中でパス、ドリブル、シュートを決めなければなりませんし、守備に回れば相手の行うすべてのプレーに対応し、ときには相手と接触する場面もあります。

　このような動きは関節や筋肉へ相応の負担がかかります。接触プレーや転倒でねんざをしたり、肉離れなどをすることもあります。小さな打撲やねんざも含めると、サッカーを続けていて一度もケガをしたことがないという方は少ないのではないでしょうか。

　私はサッカー選手のコンディショニングの専門家として日本代表チームの選手をはじめ、国内のJリーグの選手たち、地域のリーグで趣味としてサッカーを行う方から成長期の子どもたちまで大勢の方たちのさまざまなケガの治療・リハビリを行っています。その解決策の一つとしてテーピングはとても大きな役割を果たしてきました。

　テーピングは関節や筋肉のポジションを正しい位置に整えることにより、次の5つのことが可能になります。

1）サッカーで起こりうるさまざまなケガを防ぐ
2）ケガをしたときの炎症や痛み、症状の悪化を防ぐ
3）痛めた組織の修復を早めて、治るまでの期間を短くする
4）一度ケガをした箇所の再発を予防する
5）成長期の痛みを軽減させる

　私のような専門のトレーナーがいなくても、選手・指導者・サッカーをするお子様がいる保護者の方にサッカーに特化したテーピングを知っていただきたい。そんな思いを込めて本書を作りました。ケガをしたときの応急処置や治るまでの期間の短縮、ケガの再発予防に役立てていただくことができれば幸いです。

日本スポーツ協会公認アスレティックトレーナー　久保田武晴

サッカー
勝つテーピングスキル
目的別 ▶ 完全マニュアル

日本スポーツ協会公認
アスレティックトレーナー　久保田武晴監修

メイツ出版の
コツが
わかる本
STEP UP!

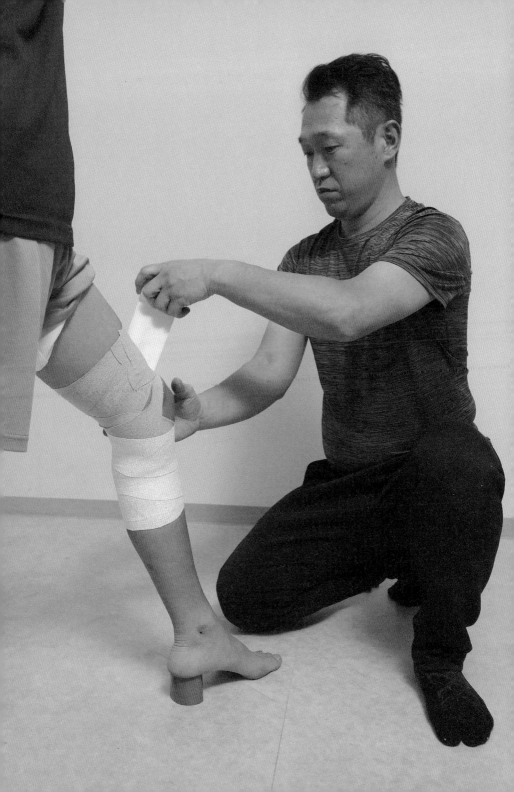

サッカー
勝つテーピングスキル 目的別 完全マニュアル
C O N T E N T S

監 修 者 紹 介

監修

くぼ た たけ はる
久保田武晴

1968年神奈川県相模原市生まれ。早稲田大学人間科学部スポーツ科学科卒業。1995年に早稲田大学ア式蹴球部トレーナー。久保田接骨院勤務。1996年神奈川県サッカー国体選抜トレーナー、1997年ガンバ大阪アスレティックトレーナー、2003年東京ヴェルディ1969チーフトレーナー、2008年横浜F・マリノスチーフトレーナー、Jリーグアスレティックトレーナー研修会代表を務め、2014年1月、相模大野にくぼたスポーツ接骨院を開院した。また、2014年からはサッカー日本代表アスレティックトレーナーに就任し2018年ワールドカップロシアで日本代表チームをサポートした。現在は、くぼたスポーツ接骨院、院長として活動している。

【主な資格】
日本スポーツ協会公認アスレティックトレーナー、柔道整復師、鍼灸師、あん摩・マッサージ・指圧師

【協力】
くぼたスポーツ接骨院

当院は、スポーツ選手のケア・リハビリに特化した接骨院で、最新の医療機器とプロスポーツの世界で磨いた手技を中心とした治療で、様々なケガの完治を目指す。スポーツ障害から腰痛、捻挫、打撲、骨折など、アスリートから老若男女まで、国家資格を持った医療スタッフや日本体育協会公認のアスレティックトレーナーが身体の悩みに対応する。

◆本院（相模大野）
〒252-0303
神奈川県相模原市南区相模大野5-26-10
マキノビル1F

◆東林間院
〒252-0311
神奈川県相模原市南区東林間4-12-4

HP：https://www.kubota-sports.com

撮影モデル

のぶ き たいち
信木太一

本書は、サッカー競技で起こる傷害に対してサポートするためのテーピング技術を紹介しています。特にケガのしやすい足首、ヒザを症状や巻き方別に、それ以外の部位もサッカー選手に多いものをピックアップしています。連続写真をたくさん使用し順序が分かるように構成していますので、本書を見ながら実践してみてください。

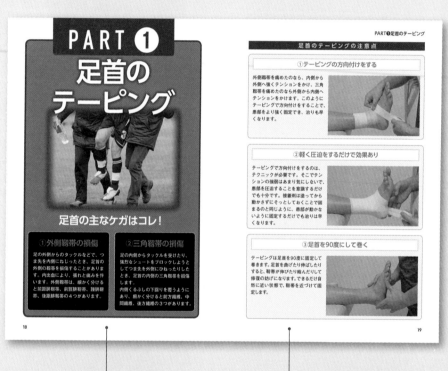

主なケガ
この部位に多い主なケガを
解説しています

テーピングの注意点
この部位をテーピングするうえでの
注意点を解説しています

テーピングの使用と効果

どの症状に対して巻くのかが
明記されています

使用テープ

実際に使用するテープの
種類とサイズです

足首のテーピング
サッカー巻き

足首のテーピングを簡略化したのが、このサッカー巻き。
がちがちに固めるパターンと違って、足首を柔らかく使えるのが特徴です。

使用テープ	●アンダーラップ／70mm ●非伸縮ホワイトテープ／38mm ●ハード伸縮テープ／50mm

★アンダーラップ→アンカー

1 アンダーラップを巻く

必要最小限で行う通称「サッカー巻き」。こちらも肌を保護するために、足首の上部から甲までの範囲にアンダーラップを巻きます。

2 アンダーラップの上部にアンカー

足首の上部に巻いたアンダーラップの上からアンカーを1周巻き、カットします。

3 2本目のアンカーを巻く

1本目のアンカーからテーピングを半分だけずらして、2本目のアンカーを巻きます。

POINT 日本選手が好む「サッカー巻き」／海外の選手には、足首をがっちりと固定してプレーする選手が多いですが、それほど固めない「サッカー巻き」は、足首を柔らかく使いたい日本人選手が好む巻き方です。

★スターアップ→アンカー

4 1本目のスターアップ

かかとから足裏へ向けて、1本目のスターアップ。足首を90度にして、そのかかとから直角にテンションをかけるようにします。

5 2本目のスターアップ

かかと部ははば重ねて、そこからスネ側にテンションをかけながら2本目のスターアップを行います。

6 3本目のスターアップ

同じようにかかと部ははば重ねて、今度はふくらはぎ側にテンションをかけながら、3本目のスターアップをします。

7 アンカーで止める

3本のスターアップの末端がはがれないように、最後に1本のアンカーを巻いて止めます。

POINT 薄く開いた扇状になるように／かかと部はテーピングの幅は狭く、上部でテーピングの幅半分くらいずつ広がった形で、薄い扇状になります。

28　　29

巻き方の詳細

連続写真と解説テキストです。
こちらを参考に実践してください

POINT

テーピングの巻き方のポイントや
豆知識です。より効果を高めるの
にチェックしておきましょう

サッカーの競技特性とテーピング

サッカーという競技は、連続した多くの動作が伴います。スポーツの中でも激しくプレーするためケガもつきものです。そんなサッカーの競技特性を紹介します。

長短のランニングを繰り返す

サッカー選手は、試合中は常にランとストップを繰り返します。走るときもターンをしたりバック走をしたりしますし、距離についても状況に応じて長短さまざま。このため筋肉、関節、腱などに強い負荷がかかります。テーピングは、その負担を軽減する役割があります。

アクションよりもリアクションが多い

サッカーは、リアクションの動作が多いのが特徴です。自らがアクションを起こすスポーツでは、不意な動作をしなければならないことはあまりありません。でもリアクションが主体のサッカーでは、関節をひねったりすることが多いため、テーピングで事前に保護することができます。

ボディコンタクトが多い

プレーヤーはボールを奪い合うときに、激しく身体をぶつけ合います。良いポジションを確保するために、相手選手を腰や肩で押しのけることもありますし、押されればそれに負けずに押し返さなければなりません。腰や背中にはかなりの負担がかかり、打ち身や打撲ができ、疲労もたまります。

タックルやチャージによるケガ

ディフェンダーがボールを奪うときには、ボールに対するタックルが認められています。しかしタックルが目標からズレて足首やヒザに入ってしまうことも。ときには大ケガにつながるため、テーピングで未然に防ぐ必要があります。

サッカー選手に多いケガや症状

フィールドプレーヤーは、どうしても足首やヒザのケガが多くなります。どちらも関節の不安定性が原因となることが多いです。意図しない方向への動きや力が加わると、腱や靱帯を痛めます。ゴールキーパーは、肩やヒジ、手首を痛めることがあります。

サッカーにおける テーピングの役割

試合中のケガだけでなく、ケガの予防や応急処置にもテーピングは効果を発揮します。
どんな状況でテーピングが活用できるかを紹介します。

ケガの予防

ケガをしやすいヒザや足首などに、あらかじめテーピングを施して固めておきます。動きはある程度制限されますが、タックルを受けてもダメージを軽減できます。

痛みの軽減

軽度の打撲などでは、プレーを続けるという選択をすることもあります。そんなときテーピングを施せば、痛みや症状の悪化を軽減することができます。

応急処置

ケガをしたとき、応急処置のためにテーピングをすることもあります。自宅へ帰るまで、病院に向かうまでの間など、患部を動かさなければ治りも早くなることがあります。

ケガの再発防止

一度ケガをしたところは、ちょっとしたことで痛みが再発することがあります。テーピングで痛みが出やすい方向への動きを制限しておけば、安心してプレーできます。

成長痛の軽減

成長期に股関節やヒザに痛みを感じることがあります。骨が急激に伸びるのが原因ですが、この痛みを軽減するテーピングがあります。

動作の補助・安定

ゴールキーパーの腕を伸ばす動作を補助して、手を伸ばしやすくしたり、足裏のアーチを補強して、姿勢や動きを安定させることもできます。

テーピングの種類と必要な道具

テーピング用のテープは、主に伸縮性のあるものとないものに分けられます。その他には、肌を保護するためのアンダーラップ、テーピング効果を持続させるためのオーバーラップもあり、使用目的や部位に合わせて使い分けるようにします。

非伸縮ホワイトテープ

伸縮しないので、関節をしっかりと固定したいときに使用します。足首に巻けばケガの予防になります。

ソフト伸縮テープ

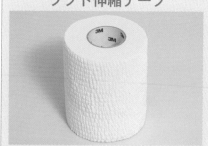

柔らかく伸縮性がある。固定力はあまりありませんが、テーピングの仕上げとしてオーバーラッピングに使用します。

ハード伸縮テープ

伸縮性があって、可動域の広い様々な部位にフィットしやすいテーピングです。固定性、弾力性があります。

アンダーラップテープ

ウレタン製で伸縮性に優れていて、肌触りがいいのが特徴です。皮膚を保護し肌荒れやかぶれなどを予防できます。

キネシオタイプテープ

筋肉や皮膚と同程度伸縮します。筋や腱に沿って貼って、動作を補助したり、筋肉の損傷を予防したりします。

テーピング専用はさみ

患部に巻いたテーピングを取り除くときに使用します。刃先が丸くなっていて、肌を傷つけにくくなっています。

はさみ（特殊素材）

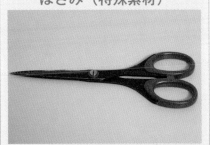

テーピングの粘着質が刃にこびり付きにくい加工が施してあるため、切れ味が落ちにくいのが特徴です。テープカットに使用すると便利です。

タックスプレー

アンダーラップをする前に噴霧しておくと、粘着力が強化できます。汗をかいているときにテーピングをしなければならないときにも使用します。

アンダーラップの役割と巻き方

テーピングによる肌荒れを防ぐために、アンダーラップを巻くことがあります。プロ選手のように、練習や試合の2～3時間だけというのなら巻かなくてもいいですが、翌日の試合のために巻いておくという場合は、アンダーラップをすることが多いです。

1 軽く転がしながら巻く

足首の場合は、角度を90度にして巻きます。適度にテンションをかけながら、肌の上を転がすように巻いていきます。

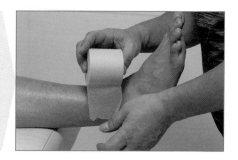

2 全体をバランスよく

足首～かかとまでバランスよく巻いてから、足の甲を巻きます。最後に足首へ戻って1周させて終了です。

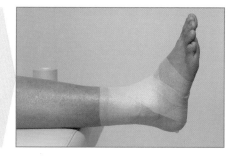

テンションをかけない NG

アンダーラップはウレタン製で柔らかいため、強く引っ張りながら巻くと途中でよれてしまいます。常にテンションは一定にかけます。

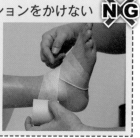

ヒザを中心に上下同じ幅まで

ヒザの場合も基本は同じです。テーピングをしたいところを中心に上下同じ幅で巻きます。

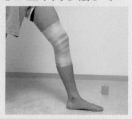

テーピングを切り取る

テーピングを切り取る際は、はさみの当て方に注意をして皮膚を傷めないような角度で行うことが大切です。はさみを通す場所が痛んでいる箇所に当たらないようにゆっくりと行いましょう。

 POINT 選手によっては多少の痛みを我慢することもあるため、表情を見ながら痛そうなら角度や方向を工夫してあげます。

1 はさみの先端を差し込む

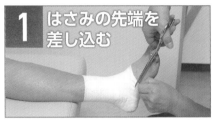

骨の横の少し窪んだところに、はさみの先端を少し差し込みます。一気に切ろうとせず、少しずつ慎重に行います。

2 くるぶしに沿って斜めに

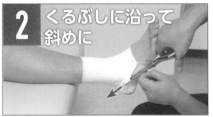

くるぶしまで来たら、はさみの角度を変えて、くるぶしに沿うようにカットしていきます。

3 切れた部分を引っ張る

切れたところが大きくなったら、そこを引きながら少しでも隙間を作ってあげて、痛みがないようにしましょう。

4 上へ向かってカットする

足首より先は、スネのくぼみに沿って上へ向かってはさみを入れます。ただ肌の繊維と逆向きになるため、無理はしないようにします。

5 逆側からもカットする

足首より上は密着度が高いため、逆から切るのも手です。肌からはがしながら、少しずつはさみを入れてカットしていきます。

6 はさみが通ったら全体をはがす

両側からはさみが通ったら、全体を持って肌からゆっくりはがします。

足首の
テーピング

足首の主なケガはコレ！

①外側靭帯の損傷

足の外側からのタックルなどで、つま先を内側にねじったとき、足首の外側の靭帯を損傷することがあります。内出血により、腫れと痛みを伴います。外側靭帯は、細かく分けると前距腓靭帯、前脛腓靭帯、踵腓靭帯、後距腓靭帯の4つがあります。

②三角靭帯の損傷

足の内側からタックルを受けたり、強烈なシュートをブロックしようとしてつま先を外側にひねったりしたとき、足首の内側の三角靭帯を損傷します。内側くるぶしの下回りを覆うようにあり、細かく分けると前方繊維、中間繊維、後方繊維の3つがあります。

足首のテーピングの注意点

①テーピングの方向付けをする

外側靱帯を痛めたのなら、内側から外側へ強くテンションをかけ、三角靱帯を痛めたのなら外側から内側へテンションをかけます。このようにテーピングで方向付けをすることで、患部をより強く固定でき、治りも早くなります。

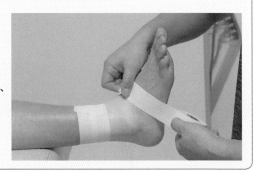

②軽く圧迫をするだけで効果あり

テーピングで方向付けをするのは、テクニックが必要です。そこでテンションの強弱はあまり気にしないで、患部を圧迫することを意識するだけでも十分です。接着剤は塗ってから動かさずにそっとしておくことで固まるのと同じように、患部が動かないように固定するだけでも治りは早くなります。

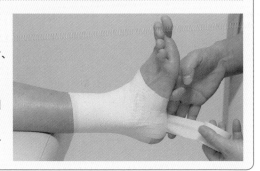

③足首を90度にして巻く

テーピングは足首を90度に固定して巻きます。足首を曲げたり伸ばしたりすると、靱帯が伸びたり縮んだりして修復の妨げになります。できるだけ自然に近い状態で、靱帯を近づけて固定します。

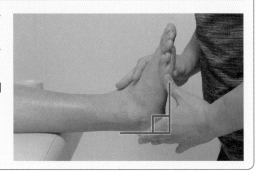

最初に覚えたい！
足首の基本テーピング

サッカー選手にとって、一番多いのが足首のケガ。
痛みを軽減し、回復を早めることができます。また予防のために巻くこともあります。

| 使用テープ | ●アンダーラップ／70mm |
| | ●非伸縮ホワイトテープ／38mm |

★アンダーラップ→アンカー

1 軽く転がしながら巻く

足首の場合は、角度を90度にして巻きます。常にテンションはほとんどかけず、肌の上を転がすように巻いていきます。

2 テーピング範囲をバランスよく

足首～かかと～足の甲へと、テーピングをしたい範囲にバランスよく巻いていきます。

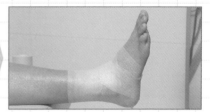

3 足首の上部に2本のアンカー

スネの真ん中辺りに、2本のアンカーを巻きます。2本目は1本目と幅半分くらいずらして、安定させます。

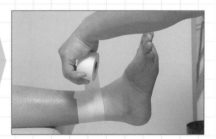

4 足の甲にも1本のアンカー

足の甲から土踏まずにかけてアンカーを巻きます。上下のアンカーを起点にして、テーピングをしていきます。

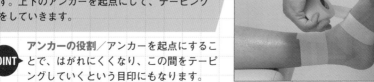

 POINT アンカーの役割／アンカーを起点にすることで、はがれにくくなり、この間をテーピングしていくという目印にもなります。

5 十分に引き出して かかと裏から

テーピングを十分に引き出して、かかとの裏側
にその中央を合わせます

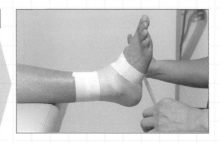

6 くるぶしの上部へ 引き上げる

かかとを引き上げるようにテンションをかけて、
くるぶしの上部まで引き上げて貼ります。

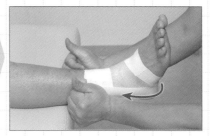

★ホースシュー

7 外側から かかとを巻く

足の甲に巻いたアンカーを起点にして、かかと
の裏側を巻き、ある程度テンションをかけたま
ま内側へ持って行きます。

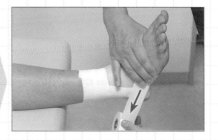

8 手のひらで 密着を確かに

手のひらや指の腹でテーピング全体を軽く押さ
えて、確実に密着させます。

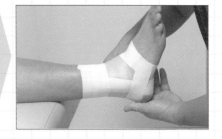

9 第1段階の 完成形

ここまで処置をすれば、足首の左右のズレ、か
かとの前後のズレを固定できます。これで第1
段階の完成形となります。

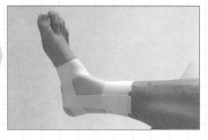

10 スネ側へ スターアップ

1本目のスターアップよりも斜め前にテンションをかけて、1本加えます。

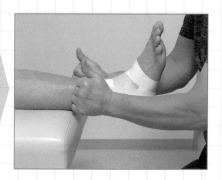

11 上にずらして ホースシュー

1本目のホースシューからテーピングの幅半分だけ上にずらして貼ります。

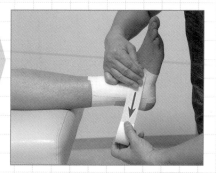

12 太もも側へ スターアップ

1本目のスターアップよりも斜め後ろにテンションをかけます。中央、前、後ろの3本のスターアップでより強く固定します。

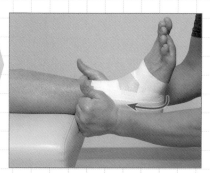

13 さらに上に ホースシュー

さらにテーピングの幅半分だけずらしてホースシューを貼ります。足首の前部を固定しすぎない第2段階の完成です。
※これだけでもある程度の効果があります。

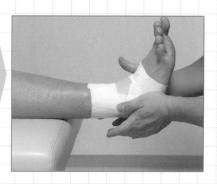

★足首の前部を閉じる

14 スターアップを固定する

ここで3本のスターアップの密着を強くするため、アンカーを巻いておきます。

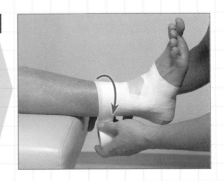

15 足首の前部を閉じていく

テーピングをより強くするため、足首の前部の隙間を埋めていきます。前部からアキレス腱を通って前部で閉じます。

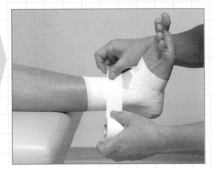

16 足の甲の隙間も埋める

テーピングの幅の半分ずつずらして、足の甲に残っている隙間も埋めていきます。

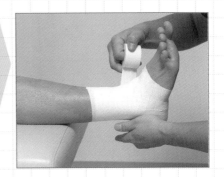

17 第3段階の完成形

隙間をすべて埋めて、第3段階の完成形です。足首の自由が利きづらくなりますが、世界的なプロ選手も、常にこの形にするほど信頼性のあるテーピング方法です。

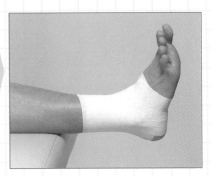

18 アンカーから斜めに合わせる

アンカーのスネの前部分を起点にして、右から左へ斜めに合わせます。

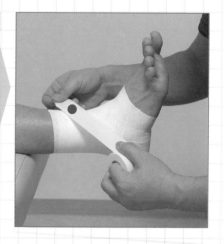

19 アキレス腱を通って逆へ

アンカー部を押さえて軽くテンションをかけながらアキレス腱を通って逆へ向かいます。

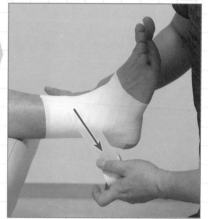

20 かかとのぐらつきを押さえる

足の内側でかかとに沿わせて左右のぐらつきを押さえます。

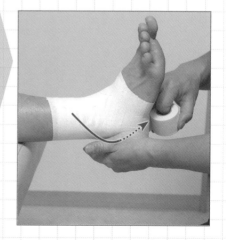

21 土踏まずの 最後部を通す

かかとから土踏まずの最後部を通してぐるりと
巻いて戻します。

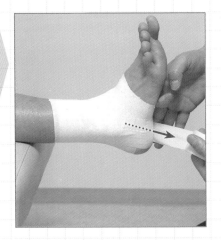

22 くるぶしの前から 斜め上へ

斜め上に引っ張りながらくるぶしの前部に沿わ
せて、最後にアンカーまで持っていきカットし
ます。

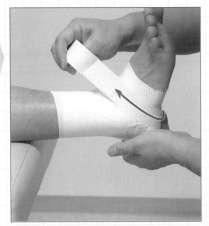

23 逆巻きも 同様に行う

アンカーを起点にして、右から左下にスタート
する逆巻きの形です。こちらも同じように行い
ます。

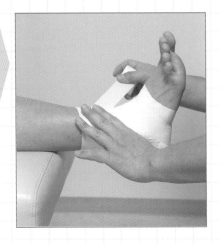

24 8の字に 巻いていく

最後に足首全体を8の字に巻いて、さらに足首の横のぐらつきを制御します。外側から内へ向かってスタートします。

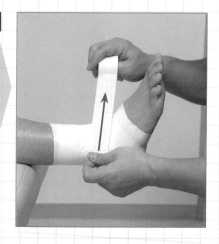

25 足首から 直接足の裏へ

足首から巻き始めたら、直接土踏まずを通って、再び外へ持ってきます。

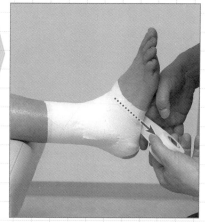

26 スタート地点を クロスして上へ

巻き始めたところをクロスするようにして斜め上に持ってきます。

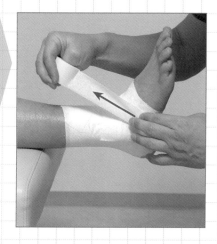

27 密接面を確保して カットする

十分に上まで引いて、密接面を確保してからカットします。

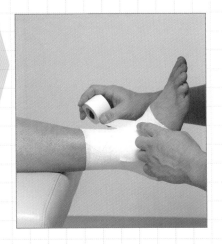

28 手のひらや 指の腹で押さえる

手のひらや指の腹で全体を優しく押さえて、テーピングを密着させます。

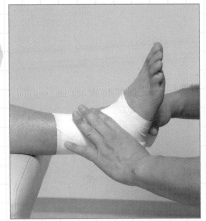

29 基本の巻き方の 完成形

足首のぐらつき、前後左右のぶれなどをほぼ押さえることができる基本の巻き方の完成です。

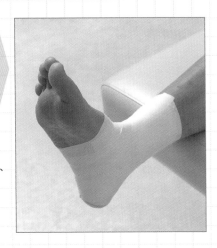

POINT テンションをかける、かけない／スターアップやホースシューはテンションをかけて、足首のぐらつきを制御します。でもアンカーは強く巻くと血液の流れが悪くなってしまいます。部位によるテンションの掛け方に注意しましょう。

足首のテーピング
サッカー巻き

足首のテーピングを簡略化したのが、このサッカー巻き。
ガチガチに固めるパターンと違って、足首を柔らかく使えるのが特徴です。

使用テープ	●アンダーラップ／70mm　●非伸縮ホワイトテープ／38mm ●ハード伸縮テープ／50mm

★アンダーラップ→アンカー

1 アンダーラップを巻く

必要最小限で行う通称「サッカー巻き」。こちらも肌を保護するために、足首の上部から甲までの範囲にアンダーラップを巻きます。

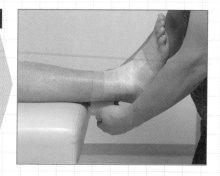

2 アンダーラップの上部にアンカー

足首の上部に巻いたアンダーラップの上からアンカーを1周巻き、カットします。

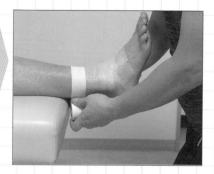

3 2本目のアンカーを巻く

1本目のアンカーからテーピングを半分だけずらして、2本目のアンカーを巻きます。

POINT 日本選手が好む「サッカー巻き」／海外の選手は、足首をがっちりと固定してプレーする選手が多いですが、それほど固めない「サッカー巻き」は、足首を柔らかく使いたい日本人選手が好む巻き方です。

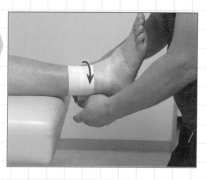

4 1本目の スターアップ

かかとから足首へ向けて、1本目のスターアップ。足首は90度にして、そのかかとから直角にテンションをかけるようにします。

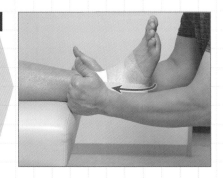

5 2本目の スターアップ

かかと部はほぼ重ねて、そこからスネ側にテンションをかけながら2本目のスターアップを行います。

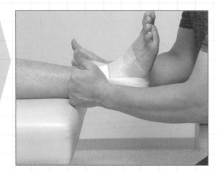

6 3本目の スターアップ

同じようにかかと部はほぼ重ねて、今度はふくらはぎ側にテンションをかけながら、3本目のスターアップをします。

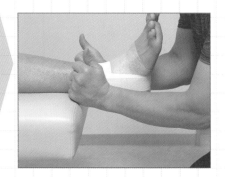

7 アンカーで 止める

3本のスターアップの末端がはがれないように、最後に1本のアンカーを巻いて止めます。

POINT **薄く開いた扇状になるように**／かかと部はテーピングの幅は狭く、上部でテーピングの幅半分くらいずつ広がった形で、薄い扇状になります。

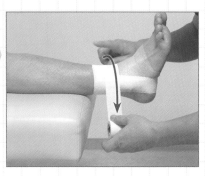

8 足首の付け根から 巻き始め

次にフィギュアエイトを行います。足首の付け
根から巻き始めて、斜めに下ろしていきます。

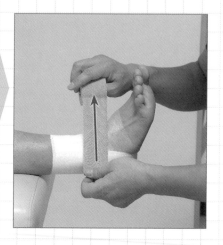

9 かかとに近い位置を 通す

土踏まずのできるだけかかとに近い位置を通る
ようにします。これは次で説明する第五中足骨
を避けるためです。

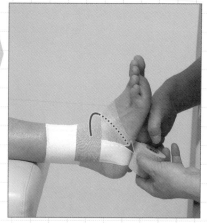

10 くるぶしの 前から上へ

かかとからくるぶしへ向かって、斜め上に方向
を変えます。このときできるだけ第五中足骨に
かからないようにします。

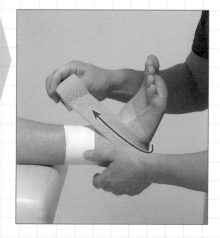

11 開始位置から半分ずらす

スタートした位置に戻ってきますが、テーピング半分だけ上にずらすときれいに巻けます。

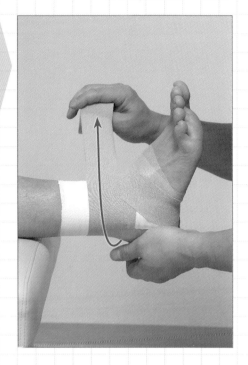

12 幅半分ずつずらして巻き上げる

テーピングの幅半分ずつずらしながら、足首を2〜3周させます。最後にスターアップした3本のテーピングを固定させて完成です。

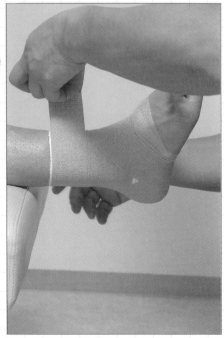

POINT 伸縮性のあるテーピング／ここで使用しているテーピングは、伸縮性のあるタイプのため、テンションをかけないと緩くて、固定力が弱くなります。長さがおよそ1.2倍になるようなイメージでテンションをかけます。

★第五中足骨の処理

13 第五中足骨に
痛みが出るとき

外側の部分にある7〜8cmほどの第五中足骨に
テーピングがかかると、プレー中に痛みを感じ
ることがあります。

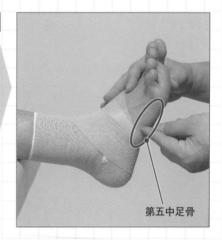

第五中足骨

14 斜めにはさみを
入れる

骨に沿うように、斜めにはさみを入れます。こ
のとき無理に差し込むのではなく、反対の手で
テーピングを少し浮かせるようにしましょう。

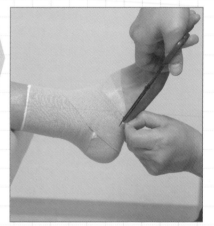

15 骨が出るところまで
切る

足の外側の真ん中に小さな骨があり、ここに巻
くと血流が止まることがあります。骨が出ると
ころまでカットしてあげます。

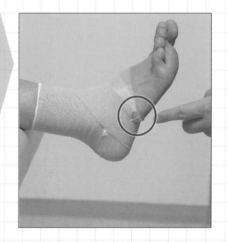

★完成形

16 縦の曲げ伸ばしはできる

最小限なので、足首の曲げ伸ばしは可能ですが、スターアップによって、足首の横のぐらつきは押さえられています。

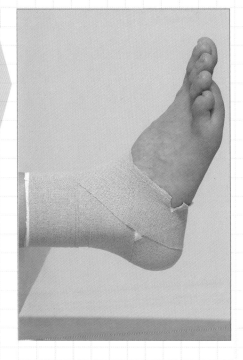

17 保護とプレーしやすさを両立

伸縮性のあるテーピングを巻くので、がっちりと固定されているわけではなく、それでいて足首はしっかり保護できます。

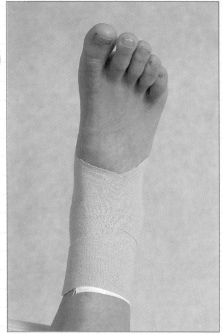

足首のテーピング
三角靱帯のサポート

一般的にアーチと呼ばれている三角靱帯をサポートするテーピングです。
スプリットテープというテーピングのテクニックを駆使しています。

使用テープ	●ハード伸縮テープ／50mm ●ソフト伸縮テープ／50mm

★スプリットテープを作る

1 スプリットテープを作る

ハード伸縮テープを使い、先端が2本に枝分かれしているスプリットテープを作ります。テーピングの先端を幅が半分になるように切ります。

2 裂くときれいに切れる

はさみを深く入れると切ったところが貼りついてしまい、粘着力が落ちてしまいます。途中からは指で裂くのがおすすめ。

3 5cmほどの枝分かれにする

先端5cmほどが元の幅の半分になるようにします。粘着力が落ちないように、できるだけ指先だけで作業をします。

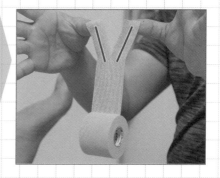

★親指→アーチ

4 分かれた先端で親指を挟む

先端の枝分かれした部分で、親指を上下から挟むようにします。親指の付け根に幅の広い部分がくるように、裂け目を合わせましょう。

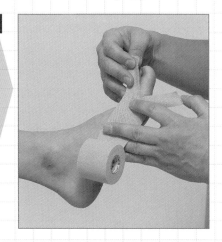

5 スプリット部分で親指を巻く

先端のスプリット部分を、親指と第2指の間に巻き付けるようにして、しっかりと貼ります。

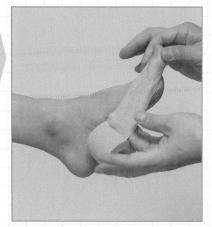

6 アーチの横からかかとへ

親指に貼った部分を押さえながら、アーチの横を通ってかかとへとテーピングを伸ばしていきます。

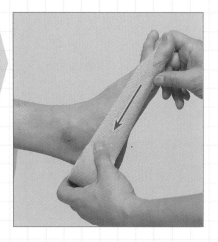

7 テンションをかけて かかとへ

親指から引っ張ったテーピングに少し強めにテンションをかけてから、かかとに巻き付けます。

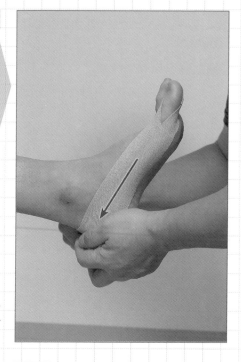

 POINT **アーチを引き上げる**／このときにテンションをかけるのは、アーチの崩れを保護するためです。親指の付け根とかかとを引き寄せるようなイメージで行いましょう。

8 かかとを回して 戻す

かかとの丸みに合わせるようにして、再び足の内側へ戻してきます。このときはあまりテンションをかけません。

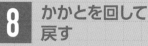

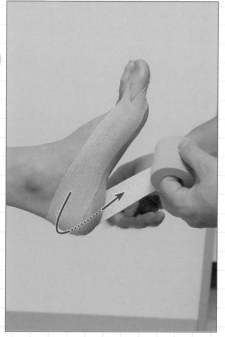

★かかと→三角靱帯

9 かかとから 三角靱帯へ

かかとを回したテーピングを上へ持ち上げ
ます。ここでテーピングを十分に引き出し
ますが、まだ肌には貼りません。

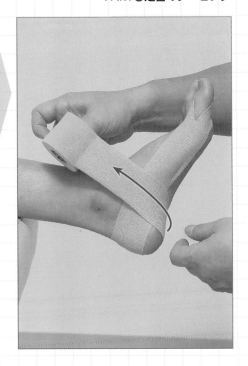

10 テンションをかけて 貼る

引き出したテーピングにしっかりとテンシ
ョンをかけてから、足首の付け根に貼りに
いきます。

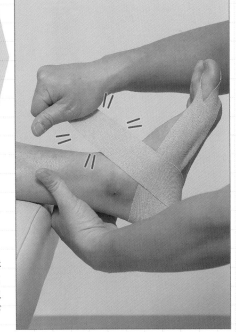

POINT▶ テンションをかけるときに、足首全体
を内側へ引き上げるイメージで行うこ
とが大切です。これによって傷んだ三
角靱帯が近づいた状態になり、痛みが
軽減し、治りも早くなります。

11 外くるぶしの 下から

斜めに引き上げた三角靱帯を、今度は垂直方向に保護します。外くるぶしの下からスタートします。

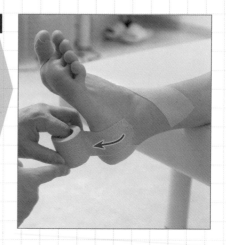

12 テーピングを 引き出す

かかとの下を通って、内くるぶしの上までテーピングを引き出します。ここではまだ肌に貼りません。

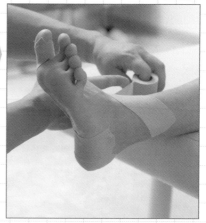

13 垂直にテンションを かける

はさみで切ったら、足首を直角に保ったまま、それに対して垂直にテンションをかけて貼ります。

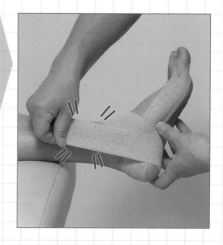

★カウンター

14 かかとの 先端を通す

内くるぶしの横辺りに先端を合わせて、かかと
の先端を通るように斜めに貼っていきます。

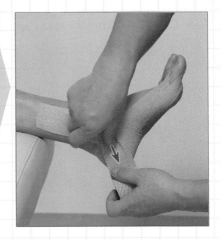

15 かかとから 外くるぶしへ

スタートしたのと同じ角度で外くるぶしへ持っ
て行きます。このときはあまりテンションをか
けません。

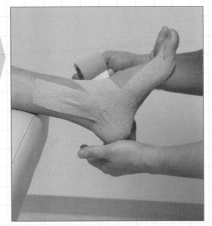

16 足首で固定して 完成

十分に引き出してから切ったら、足首に巻いて
固定します。これでカウンターまで含めた第一
段階の完成です。

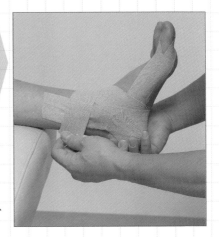

POINT 内側へのテンションだけをかけていると、
外側からの衝撃には弱くなってしまうため、
カウンターで逆向きに巻いておきます。

17 締めに サッカー巻き

最後にいわゆる「サッカー巻き」をすることもあります。足首固定のために巻いたテーピングをラッピングする目的もあります。

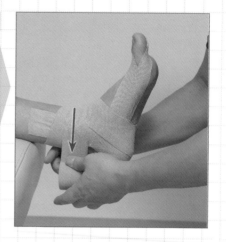

18 フィギュアエイトを する

足首からスタートしたテーピングをかかとへと回して、フィギュアエイト（P26）をします。

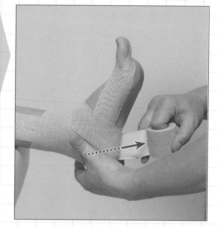

19 斜めに 引き上げる

テーピングを斜めに引き上げていきます。ここまでが足首を8の字に巻くフィギュアエイトです。

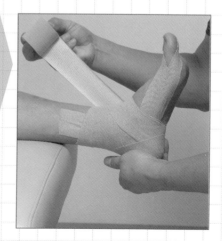

20 ヒールロックを左右から

かかとを固定するヒールロック（P24）を、左右1回ずつ行います。

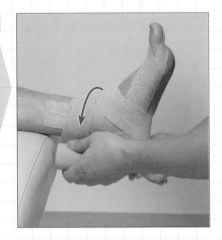

21 足首を2〜3周させる

最後にテーピングの幅半分ずつ上にずらしながら、足首に2〜3周巻きます。

22 第2段階の完成形

これで第2段階の完成形です。三角靭帯を固定したテーピンズがズレたりはがれたりしにくくなります。

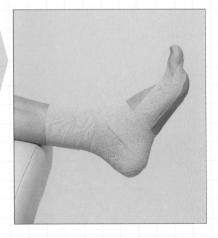

23 仕上げに ラッピングテープ

固める強さはないですが、粘着力の強いラッピングテープ（ソフト伸縮テープ）で仕上げをすることもあります

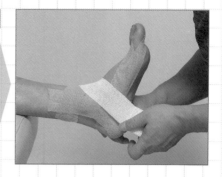

24 足の甲を 1周する

全体が保護できるようにバランスよく巻きます。まずは足の甲を1周させます

25 足首上部で 2周程度

足首から上へ持って行き、2周ほどさせます

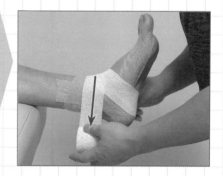

26 下に持っていき かかとへ

かかと部分を巻くため、アキレス腱で角度を変えて下に。外側からヒールロック（P24）

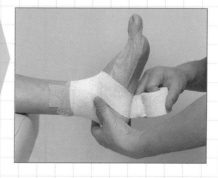

27 巻きの向きを変えて 足首

かかとからくるぶしを通って、今度は内側から
足首を1周させます

28 内側から ヒールロック

アキレス腱を通ってから、内側からヒールロッ
クします

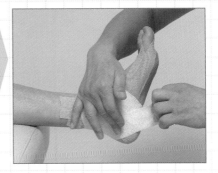

29 足首を 数回巻いて終了

最後にテーピングを上に少しずつずらしながら
足首を巻いて完成

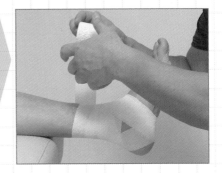

30 最小限の範囲を バランスよくカバー

プレーに支障が出ない範囲で、最小限に巻いた
テーピングの完成形です

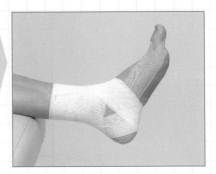

足首のテーピングを
セルフで行おう！

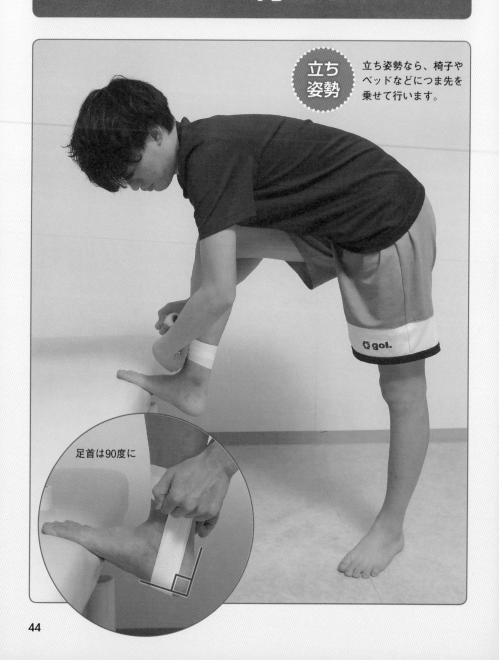

立ち
姿勢
立ち姿勢なら、椅子やベッドなどにつま先を乗せて行います。

足首は90度に

44

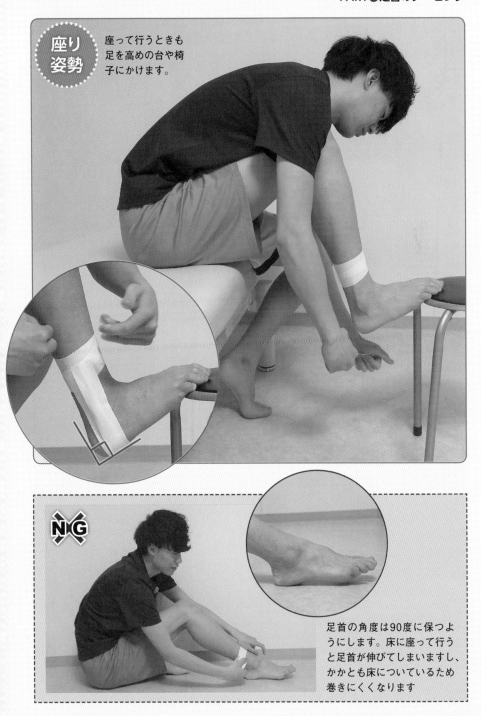

座り
姿勢

座って行うときも
足を高めの台や椅
子にかけます。

NG

足首の角度は90度に保つよ
うにします。床に座って行う
と足首が伸びてしまいますし、
かかとも床についているため
巻きにくくなります

PART ②

ヒザの
テーピング

ヒザの主なケガはコレ！

①内側側副靱帯

大腿骨と脛骨の外側へのズレを防いでいるのが内側側副靱帯です。ヒザから下を外側に持って行かれたときに痛めます。強いボールがつま先に当たったり、ヒザの外側からタックルを受けたりしたときによくあるケガです。

②前十字靱帯

タックルを受けるなどして、内側側副靱帯を痛めたときに、同時にヒザの内部にある前十字靱帯もケガをすることがあります。詳しくは専門医の診断を受けなければなりませんが、応急処置としてのテーピングを行います。

ヒザのテーピングの注意点

①ヒザの外反を防ぐ

ヒザの内側をケガをすると、患部が弱くなるため、外反を防がなければなりません。ヒザ下を内側へ誘導するようなテーピングを施します。

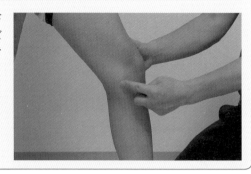

②ヒザを軽く曲げてかかと重心

巻く方の足を前に半歩出して、ヒザを軽く曲げます。このときかかと重心にして軽く力を入れておきます。かかとにスプレーのキャップなどを置くと自然に屈曲できます。

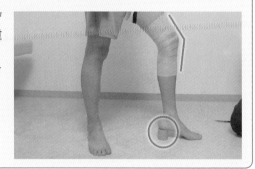

③半月板

ヒザの横にある半月板は、ひねったり衝撃を受けたりすることで傷むことがあります。上からの強く体重をかかることで痛みを感じることもあります。

ヒザの基本テープ
内側側副靱帯のテーピング

タックルを受けたときに痛めやすいのが、ヒザの内側にある内側側副靱帯です。
痛めた靱帯を寄せる処置をすることで、回復を早めることができます。

使用テープ	●アンダーラップ／70mm　●ハード伸縮テープ／75mm ●ソフト伸縮テープ／75mm

★アンダーラップ

1 ヒザ下から巻き始める

ヒザの前面下にある前十字靱帯の下5cm程度のところから巻き始めます。

2 転がすように上へ巻く

肌の上を転がすように、アンダーラップの幅半分ぐらいずつ上へ巻いていきます。

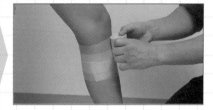

3 ヒザを中心に上下同じ幅まで

上へ巻いていき、ヒザを中心に上下が同じ幅になるまで巻いてアンダーラップ完了です。

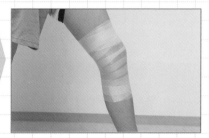

4 アンカーを巻く

アンダーラップの上端と下端にアンカーを巻きます。ふくらはぎの血流が悪くならないように、特に下のアンカーはテンションをかけないようにします。アンダーラップから2cm程度は皮膚に直接貼るようにします。

★Xテープ

5 アンカーの幅に合わせてカット

アンカーの幅に合わせてテープを引き出して、あらかじめカットしておきます。

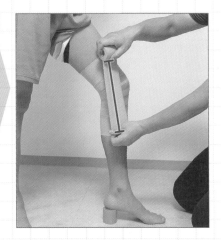

6 内側側副靱帯を通って斜めに貼る

しっかりとテンションをかけて、内側側副靱帯を通るように斜めに貼ります。

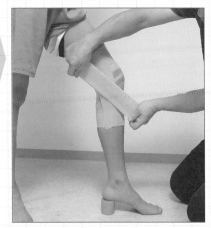

7 Xになるように2本目を貼る

同じようにアンカーの幅に合わせてカットしてから、1本目とXの形になるように貼ります。

POINT 内側側副靱帯がXの交点にくる／Xの交点が内側側副靱帯にくるようにします。しっかりとテンションをかけて貼ることで、下腿が内側に引っ張られます。

8 ヒザ下外側から巻き始める

ヒザを外側から内側へ誘導するためのスパイラルテープを貼ります。ヒザ下外側から始めます。

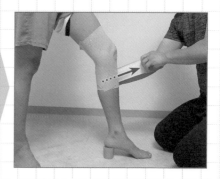

9 斜めに巻き上げていく

ヒザ下内側を通って、ヒザ裏へ向かって斜めに巻き上げていきます。

10 太もも外側から再び内へ

ヒザ裏からさらに巻き上げていき、太ももの外側を通って内側へ巻いていきます。

11 1周半で太もも内側へ

ヒザの外側から巻き始めたテーピングが1周半で太ももの内側まで来ます。下腿を内へ内へと絞るイメージです。

★スプリットテープ

12 長さを測ってカットする

粘着面を裏にして、ヒザ裏に当てて長さを測って、あらかじめカットします。

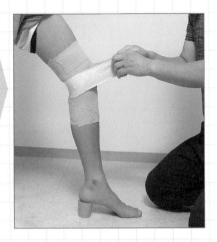

13 両端を二股にする

粘着面をそっと持って、両端に縦にはさみを入れて、二股にします。

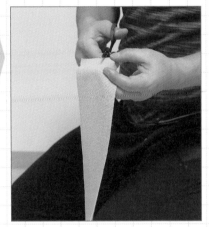

14 ヒザ裏から前に向かって貼る

ヒザ裏で両端を持って、テンションをかけながら前に持ってきます。

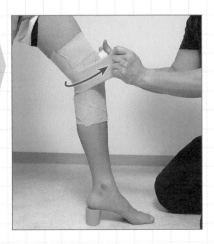

15 二股部分を裂く

テーピングの二股部分を膝蓋骨の外側のところまで切ります。はさみを入れているので、指先で裂けます。

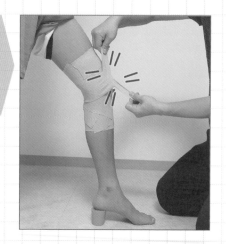

16 斜め上、斜め下に貼る

内側の二股になっている上側を斜め上に、下側を斜め下にテンションをかけてまっすぐに貼ります。

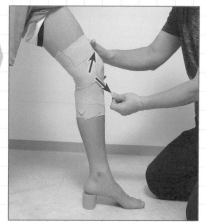

17 外側も同じように処理する

外側の二股部も同じように手で裂いてから、斜め上下にテンションをかけて貼ります。

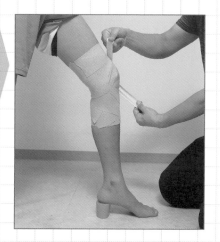

★完成形

18 膝蓋骨部のアンダーラップを除去

膝蓋骨を避けてテーピングを施しています。気になるならアンダーラップを取り除きます。

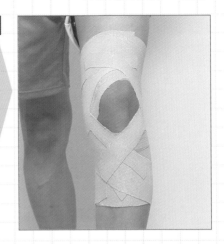

19 スパイラルテープで内旋を補助

ヒザ下外側から巻き上げたスパイラルテープで、ヒザの内旋状態を保てるように補助しています。

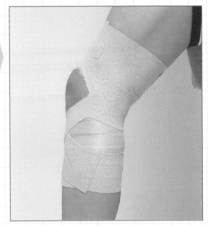

20 スプリットテープで全体を保護

最後に貼ったスプリットテープで、全体を保護し、内側側副靱帯にしっかりと密着させています。

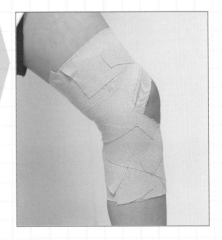

21 ラッピングで 全体を覆う

試合中や練習中にずれないように、最後にラッピングをすることもあります。ソフト伸縮テープを使い、下から上へ巻き始めます。

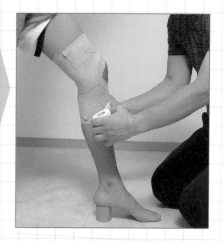

22 テーピングの 幅半分ずつ上へ

上へ上へと巻いていきます。テーピングの幅の半分ずつ巻き上げていくと見た目がきれいです。

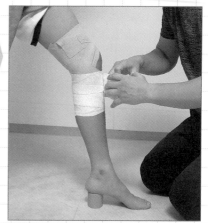

23 上から下へ 戻って完成

上まで行ったら、折り返して下まで巻き下ろすとより強く保護できます。

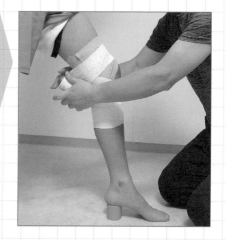

24 巻き終わりの処理

巻き始めた部分のテーピングを5mmほどはがして、裏返します。

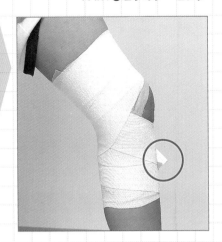

25 粘着力が倍増する

巻き終わりの末端と張り合わせます。これだけで粘着力が増して、汗をかいてもはがれることがなくなります。

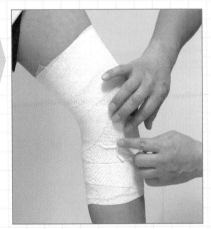

★完成

26 全体をラッピングで保護

伸縮性のあるテープでラッピングしたことで、全体を保護できます。これで完成形です。

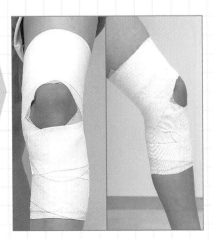

重傷化しやすいヒザの
前十字靭帯のサポートテーピング

サッカーに限らずスポーツ選手に多い前十字靭帯のケガ。
テンションをかける箇所では正確にかけて巻きましょう。

使用テープ	●アンダーラップ／70mm ●ハード伸縮テープ／75mm

★アンダーラップ

1 アンダーラップを巻く

前十字靭帯の前方引き出しを押さえるスパイラルテープです。まずは内側側副靭帯と同じように、アンダーラップを巻きます。

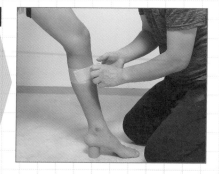

2 幅を半分ずつ上へずらす

アンダーラップの巻き方は変わりません。テーピングの幅半分ずつ上へずらしていきます。

3 太ももの真ん中あたりまで

上は太ももの真ん中あたりまで。ヒザを中心に上下同じくらいの幅にします。これで下腿の前方引き出しを抑制できます。

4 アンダーラップの下端にアンカー

ふくらはぎは血流が滞らないように、テンションをほとんどかけないようにします。

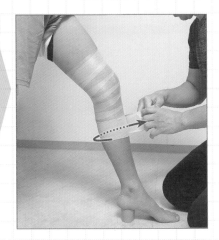

5 アンダーラップの上端にアンカー

太もものアンダーラップ上端にアンカーを巻きます。2cmほどは皮膚に直接テーピングを貼るようにします。太ももはやや強くテンションをかけても大丈夫です。

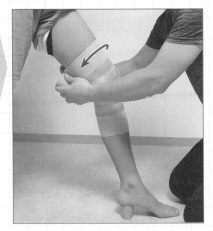

6 ヒザのテーピングの基本

肌の保護を優先するなら、アンダーラップの上からアンカーを巻くのが基本になります。短時間のテーピングのときは、アンダーラップを使わずにいきなりアンカーを巻くこともあります。

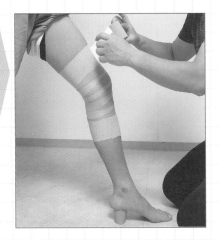

★スパイラルテープ（外巻き）

7 内側から スパイラルテープ

アンカーの内側からスパイラルテープを巻きます。ヒザの前面にある脛骨粗面の下を通るように斜め上に向かって貼ります。

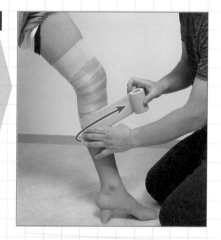

8 後方へ強く テンションをかける

前方から後方へテンションを強くかけながら、太もも前面まで巻き上げていきます。

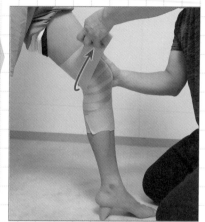

9 内旋を 抑制する

ここまでの外巻きのスパイラルテープで、ヒザの内旋を抑制することができます。

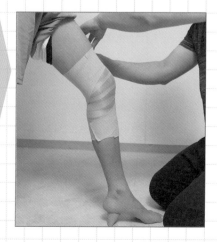

★スパイラルテープ（内巻き）

10 ふくらはぎ外から 巻き始め

今度は外側から内巻きでスパイラルテープを巻きます。ふくらはぎ外側からスタートします。

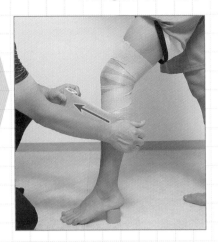

11 後方へ強く テンションをかける

斜め上に巻きながら、内側へ来たところで後方へ強くテンションをかけながら貼っていきます。

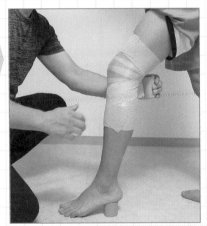

12 外旋を 抑制する

太ももの裏から斜め上に向かいます。ここでも少し強くテンションをかけることで、下腿の外旋を抑制します。

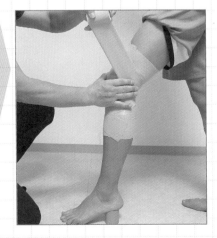

13 下腿の前方引き出しを抑制

前方引き出しの抑制テープを貼ります。ヒザの外側から巻き始めます。

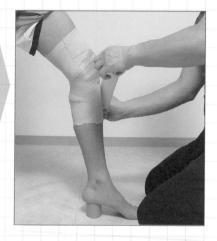

14 浅い角度で引き上げる

スパイラルテープよりも浅い角度で、斜め上に引いて、一気に太ももへ持って行きます。

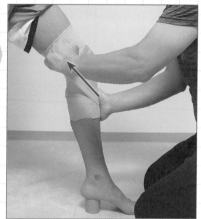

15 強いテンションをかける

浅い角度で、斜めに強いテンションをかけます。テーピングがよれないように丁寧に貼ります。

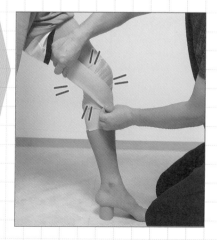

★前方引き出し抑制テープ

16 ヒザの内側から巻き始め

今度は内から外へ向けて、前方引き出し抑制テープを行います。ヒザ内側の下から始めます。

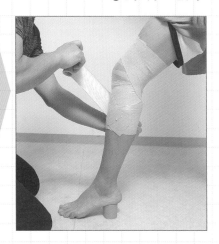

17 強いテンションをかける

1本目と同じように浅い角度で斜めに引き上げます。このとき強いテンションをかけます。

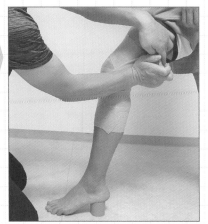

18 太もものアンカーでカット

太ももまで引き上げたら、アンカーのところでカットします。

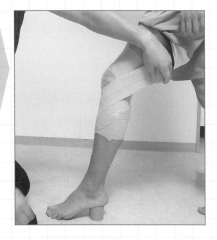

★内側サポートテープ

19 内側側副靱帯を保護する

前十字靱帯と一緒に痛めることが多い内側側副靱帯も保護します。アンカーの長さに合わせてカットします。

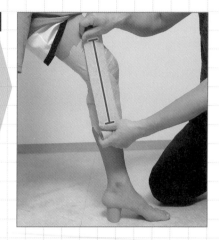

20 テーピングをしっかり伸ばす

あらかじめカットしておくことで、両側からしっかりとテンションをかけられます。

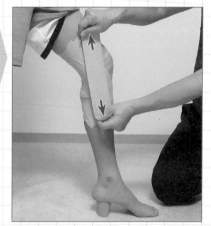

21 テンションをかけたまま置く

テーピングの中央に内側側副靱帯が当たるような角度で、しっかりとテンションをかけたまま置きます。

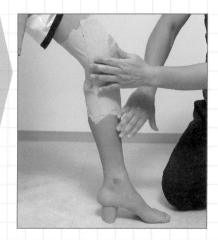

★スプリットテープ

22 粘着面の裏で 長さを測る

ヒザの裏から両手でテーピングを持って、粘着面の裏を当てて長さを測ります。

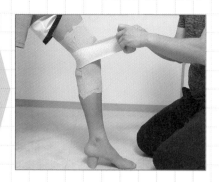

23 スプリットテープを 作る

粘着力が落ちないようにやさしく持って、両端が二股になるように縦にはさみを入れます。

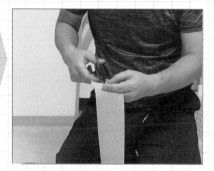

24 ヒザの裏から 前に引く

ヒザの裏にテーピングの真ん中を合わせて貼り、手前に強めにテンションをかけます。

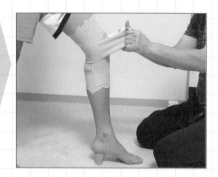

25 膝蓋骨の 上下に貼る

スプリット部分で膝蓋骨を挟むようにして、上下に引っ張りながら貼ります。

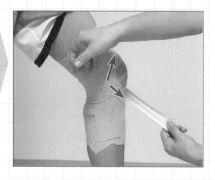

26 ふくらはぎから ラッピングテープ

仕上げにラッピングテープを巻きます。試合中に汗をかいてもテーピングがはがれません。

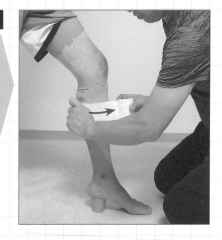

27 ヒザの前面を 押さえる

今回のテーピングのターゲットである前十字靭帯をサポートするため、ヒザの前面をしっかりと押さえます。

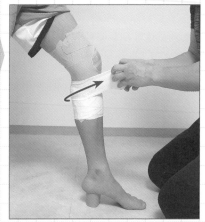

28 膝蓋骨を空けて 太ももへ

前十字靭帯を巻いたら、膝蓋骨を空けて太ももまで巻き上げて行きます。

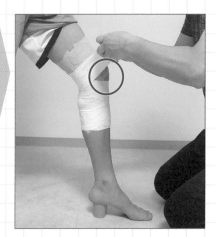

29 太ももで 折り返す

太ももまで巻いたら、下向きにベクトルを変えて戻ります。

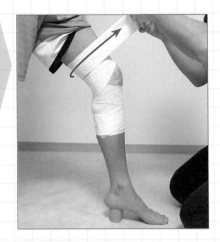

30 膝蓋骨を 避ける

戻るときも膝蓋骨を避けて巻いていきます。スタート地点まで戻ったらカットします。

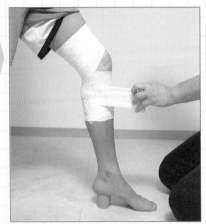

31 末端の粘着力を 強化する

最初に貼ったテーピングを5mmほどはがして裏返し、末端と張り合わせることで粘着力を強化します。

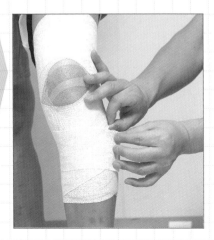

とても簡易的な
ヒザのサポートテーピング

ちょっとした痛みがあるときなど、簡易的なテーピングで
ヒザをサポートしておくだけでだいぶ楽になります。

| 使用テープ | ●ハード伸縮テープ／75mm |

★スプリットテープ

1 スプリットテープを作る

粘着面の裏を当てて、ヒザの前面までのテーピングの長さを測ります。

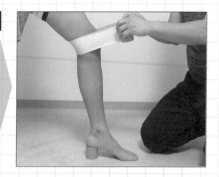

2 両端を二股にする

両端に縦にはさみを入れて、二股にします。粘着力が落ちないように粘着面には軽く触るようにします。

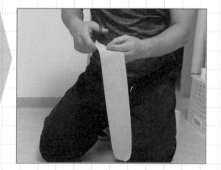

3 ヒザの裏に当てて手前に引く

テーピングの真ん中をヒザの裏に合わせて、両端を手前に引きます。

4 二股の長さを調整しながら巻く

ヒザの横までは貼ります。先端は膝蓋骨の横までが二股になるように指で裂きます。

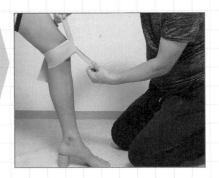

5 スプリット部分を斜めに貼る

半分の幅になったテーピングを膝蓋骨の丸みに合わせて貼ります。通常斜めに真っすぐテンションをかけるのとは異なります。

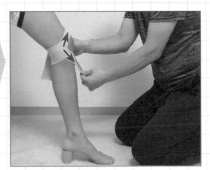

6 もう一方の端も同様に行う

テーピングのもう一方の端も同じように二股にして膝蓋骨の上下から貼ります。半分の幅でははがれやすいので、最後に粘着面同士を貼ったり、下のテーピングに織り込んだりします。

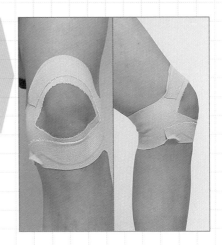

こんな症状のとき

ヒザの横にある半月板の痛みに

ぶつかったりひねったりしたときはもちろん、強く体重をかけることでも半月板のケガをすることがあります。簡易的なテーピングで押さえておくだけでも痛みを軽減したり、再発を予防したりできます。

ヒザのテーピングを
セルフで行おう!

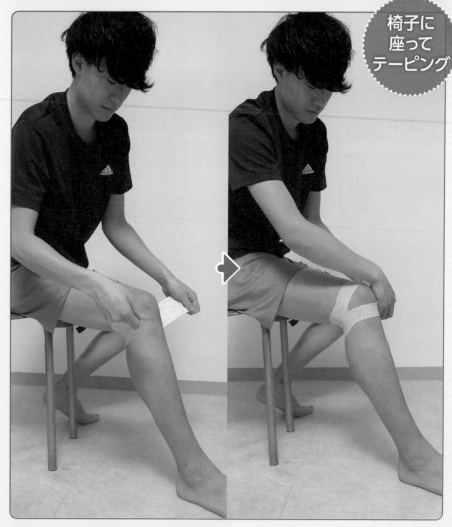

椅子に
座って
テーピング

軽くヒザが曲がるような角度で
椅子に座って行う場合、軽くヒザが曲げられるくらいの高さ
のものにします。足には軽く力を入れながら巻きます。

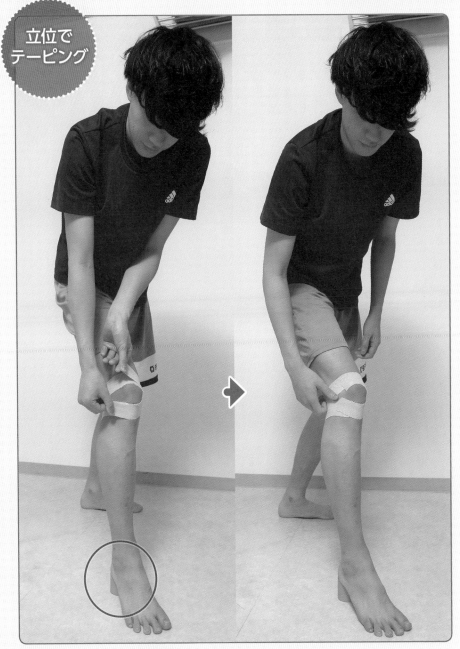

立位で
テーピング

かかとにキャップを置く

立位なら他人に巻いてもらうのと変わらない姿勢で巻けます。
かかとにキャップを置いて、軽く体重をかけるようにします。

PART ③
その他の部位の
テーピング

サッカーに多い主なケガはコレ！

①肉離れ

サッカーは走りながらボールを蹴るため、太ももやふくらはぎを肉離れすることが多いです。試合中の急なスピードアップやシーズンの初めには特に注意が必要です。

②打撲

ふくらはぎを蹴られたり、太ももにヒザが入ったりすると、打撲になります。いわゆる打ち身のため、その部位を保護してあげることで痛みを軽減できます。

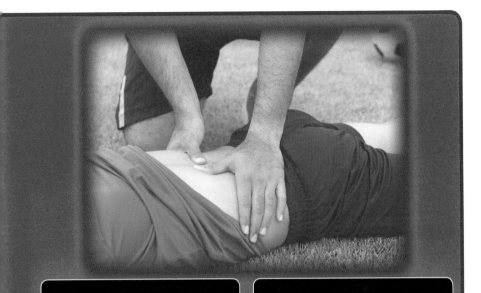

③成長痛

小学生の高学年から中学生くらいの成長期の子どもたちに表れる症状です。骨の急速な成長に、その周囲の部位の発達が追いつかないために起こる症状です。痛みを和らげるテーピングはありますが、プレーには注意が必要です。

④腰痛

サッカー選手に意外に多いのが腰痛です。腰痛も患部にテーピングを施すことで痛みを和らげることができます。

⑤ゴールキーパーのケガ

ゴールキーパーは、唯一手が使える特殊なポジションです。ゴール前の混戦でキャッチしにいったときに肩やヒジを痛めることが多くなります。

⑥補助的なテーピング

動作がしやすくなるような、補助的役割のテーピングもあります。最後にゴールキーパーが腕を伸ばしやすくなるテーピング方法を紹介しています。

ふくらはぎの肉離れを
予防するサポートテーピング

ふくらはぎは、太ももと同じくらい肉離れが起きやすい場所です。ふくらはぎの肉離れには、キネシオタイプのテーピングを2本貼ると、痛みを軽減でき、回復も早くなります。

使用テープ	●キネシオタイプ／50mm

1 長さを測ってカットする

かかとからヒザ裏下までの長さを測って切ります。同じ長さのテーピングを2本作ります。

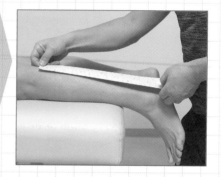

2 テーピングの角を丸く切り取る

テーピングの四隅の角を1センチほど切り取ります。これだけで、汗で濡れてもはがれにくくなります。

3 かかとを始点にして2本貼る

かかとからアキレス腱を通って内側、外側に2本貼ります。まずは外側から。

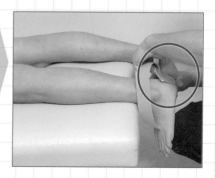

4 ふくらはぎの外側へ

アキレス腱から斜め外へ向かわせて、ふくらはぎ外側に沿って貼ります。

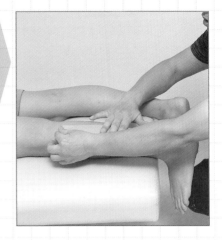

5 アキレス腱からV字に貼る

同じようにかかとから始めて、アキレス腱でV字に分かれるようにします。

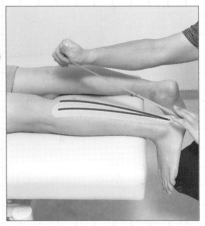

POINT ▶ トレーナーの姿勢2パターン／ふくらはぎを伸ばした状態で貼るのが基本です。トレーナーは、ヒザや胸を使って、足首を曲げるようにします。

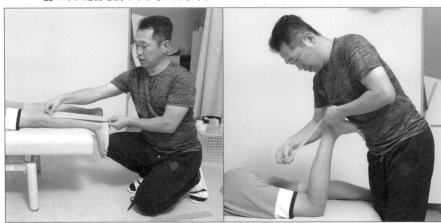

太もも前面の肉離れに
対するテーピング

大腿四頭筋や大腿直筋といういわゆる太ももの前側の肉離れに対するテーピングです。急に走り込みをしたり、身体ができていないシーズンの前半などで起きやすいケガで、傷んだ筋を引き寄せるようなテーピングを行います。

使用テープ	●キネシオタイプ／50mm

1 テーピングの長さを測る

股関節からヒザ上の長さに合わせてテーピングを切ります。1.2倍にテンションをかけることを考えて、若干短めでも大丈夫です。

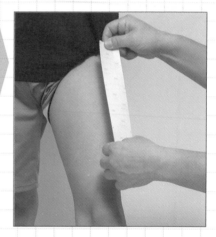

2 四隅の角を取る

テーピングの四隅の角を丸くカットします。汗で濡れても、はがれにくくなります。

 POINT ▶ **両端から同じテンションをかける／痛めているところによって、股関節側に強くしたり、ヒザ近くを強くしたりする貼り方もあります。ただし細かい診断が必要になるため、通常は両端から同じテンションをかけて貼るようにすればいいでしょう。**

3 約1.2倍の長さに 伸ばす

太ももに縦に合わせて、約1.2倍の長さになるくらいまでテンションをかけます。

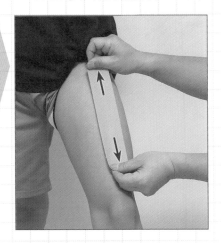

4 テンションを かけたまま置く

太ももの真ん中に合わせて、テンションをかけたままテーピングを置きます。

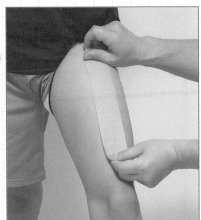

5 手のひらで 密着させる

全体を手のひらで押さえて、密着させます。

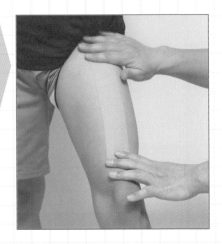

太もも後面の肉離れに
対するテーピング

太ももの裏も肉離れをしやすいところです。ふくらはぎと同様に、2本のテーピングを内側、外側に沿ってV字に貼ります。このとき前屈して、筋を伸ばした状態で貼るのがポイントです。

使用テープ　●キネシオタイプ／50mm

1 長さを測ってカットする

これまでと同じように、太ももに合わせてテーピングを切り、四隅の角を取っておきます。同じものを2本作ります。

2 テーピングは1.2倍に伸ばす

前屈して、もも裏をストレッチさせた状態で行います。テーピングが約1.2倍の長さになるくらいまでテンションをかけます。

3 座骨結節から外側へ

お尻と太ももの分かれ目にある座骨結節に合わせてから、外側に沿って斜めに貼ります。

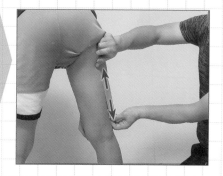

4 内側に沿って 貼る

今度は座骨結節から内側に沿って、テンション
をかけながら置きます。

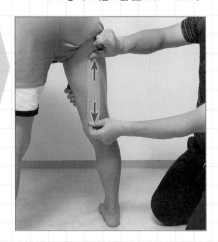

POINT ▶ ヒザの関節にかけない／テーピングをヒザ
の関節まで貼ると、ヒザの動きに思わぬ影
響を与えて、違和感や、痛みを感じること
があるので、注意しましょう。

5 手のひらで 全体を軽く押さえる

両手のひらを使って、貼ったテーピングをまん
べんなく押さえます。

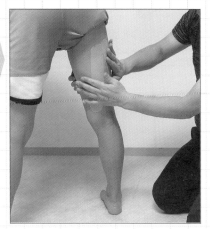

★完成

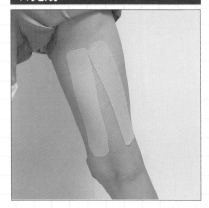

セルフテーピングも可能

前屈みになって、
自分で貼ること
も可能です。た
だし貼ったとこ
ろは見えないの
で、慣れは必要
です。

太ももの打撲に
対するテーピング

太ももは相手選手のヒザなどが入って、打撲をすることが多い箇所です。これも患部に周辺の筋を集めるテーピングを施します。腫れと痛みを抑えて力が抜けないようにすることが目的です。左大腿部の外側にヒザが入ったときを例にテーピングをします。

使用テープ	●キネシオタイプ／50mm ●ソフト伸縮テープ／75mm

1 十分にテンションをかける

テーピングを適度な長さに切ります。両手で十分に引っ張って、患部の少し下に水平に貼ります。

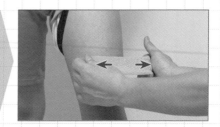

2 右、左交互に斜めに貼る

2本目は右上がり、3本目は左上がりに互い違いに貼ります。患部の中心が交点になるようにします。これを2回繰り返します。

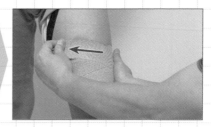

3 水平のテーピングで押さえる

最後に水平にテーピングをして、斜めに貼ったテーピングを押さえます。ちょうど長方形になり、その中心が患部です。

4 中心に筋を集める

テーピングを貼った範囲の筋肉を、中心の患部に集めることで、痛みを軽減する効果があります。

★オーバーラップ

5 ラッピングテープを行う

痛みが激しいときにラッピングテープをすると効果があります。どうしてもプレーしなければならないときに巻くこともあります。

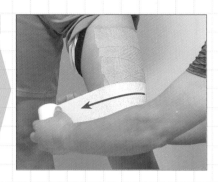

6 少しずつ上へすらして貼る

テーピングの幅を半分ずつずらしながら、上へ上へと巻いていきます。

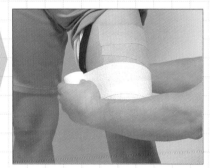

7 テーピングを覆うように

上へとずらしながら、キネシオタイプのテーピングを完全に覆うところまで巻いていきます。

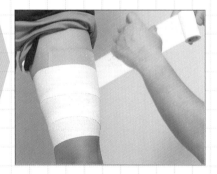

8 末端を内側に折り込む

最後に下のテーピングを少し持ち上げて、末端をその下に折り込みます。これで試合中はがれることはありません。

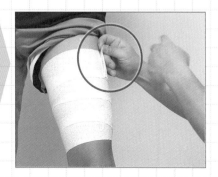

腰の打撲に
対するテーピング

サッカーでは相手選手と激しいコンタクトによって、腰がぶつかり合うため腰痛も出やすい症状です。打撲によって力が入らなくなりますが、筋同士を寄せるテーピングをして力が入るようにします。

使用テープ	●キネシオタイプ／50mm

1 患部の1段下から

キネシオタイプを使用します。適度な長さに切ったテーピングを、一番痛い所の一段下から貼り始めます。両端を強めに引っ張ります。

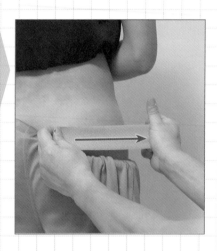

2 左上がりで貼る

同じ長さに切ったテーピングを、左上がりで貼ります。

POINT 幹部を圧迫する／幹部を圧迫しつつ、周辺の組織を中心に集めてきます。

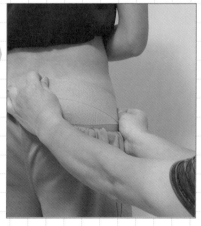

★オーバーラップ

3 右上がりで貼る

今度は右上がりで貼ります。一番痛いところが、交点の中央になるようにします。

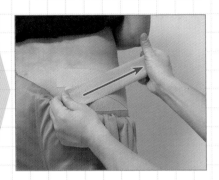

4 左、右交互に互い違いにする

もう一度左上がり。そしてまた右上がりのテーピングをしていきます。

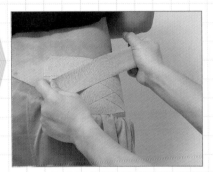

5 水平に貼って押さえる

最後に水平に貼って、斜めのテーピングを押さえます。

6 テーピングで筋を中心に集める

テーピングを施した範囲の筋を、中心の患部に集めるようにしていて、痛みを軽減できます。

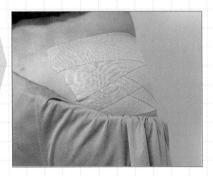

成長痛に対する股関節のテーピング

股関節には骨端軟骨という柔らかい骨があって、子どもの成長期に痛みを訴えることがあります。骨端軟骨が剥離したり、炎症しているのですが、テーピングによって痛みを軽減したり、悪化を抑制したりします。

使用テープ	●キネシオタイプ／50mm

1 太ももから腰骨まで

痛みが出るのは股関節ですが、太ももから腰骨までかかるように長めに切ります。

2 下から上に引っ張るつもりで

これまでのテーピングと同じように、両端から引っ張って置いてもいいですが、少し下から上に引くつもりで貼ると効果的です。

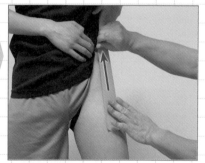

3 腰骨辺りまで引き上げる

下からテンションをかけながら、腰骨辺りまで引き上げます。1本だけの簡単なテーピングですが、これだけで痛みを軽減する効果があります。

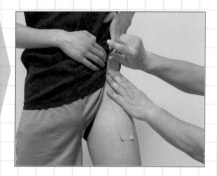

オスグットの
テーピング

ヒザの下にある脛骨粗面に痛みを感じることがあります。特に成長期の子どもは、縦の成長に身体の強さが追いつかず、姿勢が不安定なため痛みが出やすくなります。ぐらつきを抑えるようなテーピングをします。

使用テープ	●キネシオタイプ／50mm

1 4本のテーピングを用意

テーピングを30cmほどの長さに切り、四隅の角を取ったものを4本用意します。

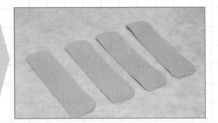

2 脛骨粗面に斜めに置く

テーピングを両端から引っ張って、脛骨粗面を中心に斜めに置きます。

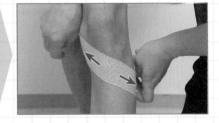

3 中央で交差させる

2本目をX字に置きます。これで脛骨粗面がねじれたり横にぐらついたりするのを軽減できます。

4 ヒザの上も同様に行う

さらに安定させるため、ヒザの上も同様にX字にテーピングします。これでヒザ上も安定します。

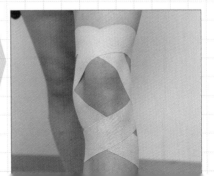

アーチの乱れを防ぐ
ためのテーピング

オスグットは、アーチの不安定さが原因の場合もあります。
足の指を使いやすくすることによってアーチが安定しヒザにかかる負担を軽減させます。

> 使用テープ　●キネシオタイプ／50mm

1 スプリットテープで 親指を巻く

足のサイズに合わせて、20〜30cmのスプリットテープ（P34）を作ります。

2 親指の付け根で 巻く

スプリット部分で親指を挟むようにして、付け根に巻き付けます。

3 テンションをかけて かかとへ

かかとへ向けて引っ張って貼ります。親指からかかとが縮むようになって、内側のアーチが強化されます。

4 第二指も 同じように行う

第二指にもスプリットテープを巻き、かかとへ向けてテンションをかけながら貼ります。縦のアーチの補強を行います。

5 薬指まで スプリットテープを置く

同様に薬指も行います。薬指まで終わってアーチ全体が補強されたところです。

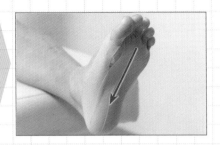

6 両手を広げた長さの キネシオタイプ

キネシオタイプのテーピングをおよそ両手を広げた長さくらいに切って使用します。小指側からかかとの内側に向けて貼り始めます。

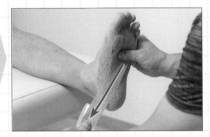

7 かかとを回して 外側のアーチへ

キネシオタイプを貼る目的は、アーチの補強。足裏を斜めに横切って足底のアーチを補強します。

8 足裏をX字テープで 補強する

かかとの内側から足裏を斜めに横切って親指の付け根まで引っ張ります。足底のアーチをXの形で補強します。

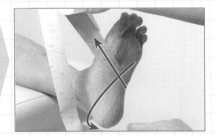

9 横アーチを 巻いて完成

最後に横アーチを、指側からかかとへ向けて巻いて完成です。

かかと全体の筋肉を
圧縮するテーピング

シーバー病と言われる成長期のかかとの軟骨の痛みです。かかと全体を幅の狭いテーピングで覆います。かかとの肉を圧縮することでクッションの役割を果たし（補強）、痛みを軽減することができます。

使用テープ	●非伸縮ホワイトテープ／15mm

1 テーピングの幅を半分にする

細いホワイトテープをさらに縦に半分に切って、幅が狭く、長さ15cmほどのテープにします。

2 かかと上部から貼り始める

まずかかと上部を覆うように貼り、次にかかととアーチの境目に貼ります。

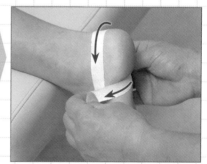

3 幅の半分だけ重ねて貼る

1本目に半分だけ重ねて、下にずらして貼ります。貼った個所の肉を圧縮していくイメージです。

4 先端へ向けて 貼り合わせる

かかとの裏も半分ずつずらして貼っていきます。
まだ残っている部分がすぼまっていきます。

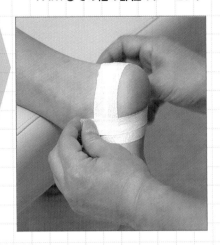

5 隙間がなくなるまで 行う

少しずつ隙間を埋めていき、完全にかかとを覆うように固めます。

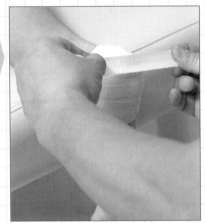

★完成

6 隙間がなくなったら 完成

かかとを完全に覆ったら完成です。かかとの肉が厚く固くなり、着地時に軟骨を保護して痛みを軽減します。

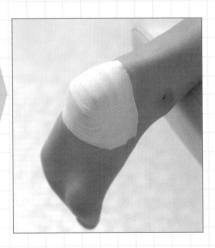

疲労骨折が起きやすい
第五中足骨のテーピング

外側のアーチが落ちて、外側真ん中にある第五中足骨が地面に当たってしまい痛みを感じます。外側かかと近くのアーチを持ち上げて補強します。外側のアーチが上がるだけで、かなり痛みはなくなります。

使用テープ　　●キネシオタイプ／50mm

1 スプリットテープを作る

テーピングの先端を二股にカットして、スプリットテープ（P34）を作ります。

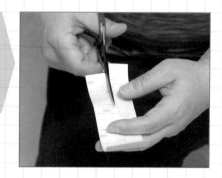

2 スプリット部分で小指を巻く

二股部分で小指を上下から挟んで、巻き付けて貼ります。

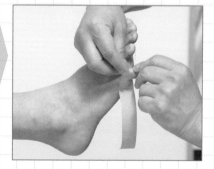

3 小指が開くまで引っ張る

かかとへ向かって真っすぐに引っ張ると、小指が離れるような動きをします。

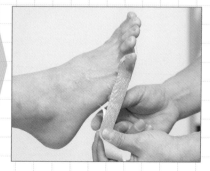

4 かかとに 貼る

十分に引っ張ってかかとに貼ります。これで外側アーチが補強されます。

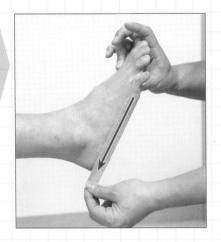

5 内側アーチから 外側アーチへ

内側アーチのかかと部分近くから外側アーチへテーピングを伸ばします。

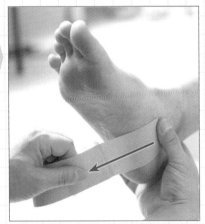

6 くるぶしの上まで 引っ張る

かかと付け根のアーチを巻いて、外側へ。ある程度の力を入れてくるぶしまで引っ張り上げるようにします。

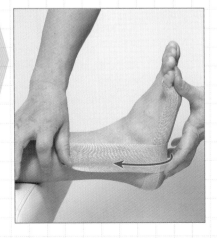

症状が軽くなる！
腰痛のテーピング

背骨の両側にある脊柱起立筋にテーピングをして体幹を安定させることで、腰痛を軽減できます。背骨の一番下にある仙骨を中心に、クロスするように貼ることで、骨盤を安定させて脊柱起立筋のテーピングを補強します。

使用テープ	●キネシオタイプ／50mm

1 前屈姿勢で腰をストレッチ

背骨から腰に掛けてストレッチするように、前傾姿勢になります。背中の中心から腰までの長さに合わせてテーピングを切ります。

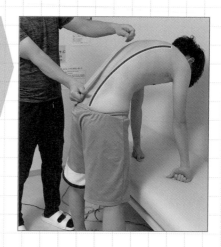

2 脊柱起立筋に沿って貼る

縦にテーピングを十分に伸ばして、背骨の横にある脊柱起立筋に沿って貼ります。

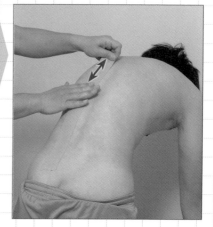

3 左右同じように 行う

背骨と対称の位置にある右側の脊柱起立筋にも
同じようにしっかりと伸ばして貼ります。

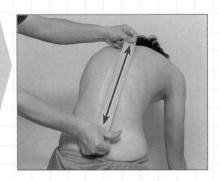

4 仙骨を中心に クロス

縦のテーピングを補強するため、仙骨を中心に
クロスするように2本貼ります。

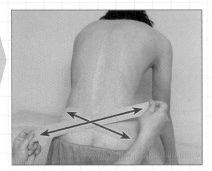

5 縦に2本 貼ってもいい

本人が弱いと感じたら、脊柱起立筋のテーピン
グをさらに左右2本増やすのも効果的です。1
本目の内側に半分ずらして貼ります。

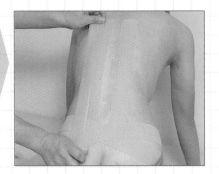

6 縦と横のテーピングで 体幹補強

縦に2本貼ったときの完成形です。自然に背筋
が伸びて、体幹が補強されます。

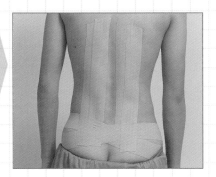

ゴールキーパー特有の傷害
ヒジのテーピング

ゴール前の混戦の中でクロスボールをキャッチしたり、強烈なシュートをブロックしたりしたときに、内側側副靭帯を痛めることがあります。手を使うゴールキーパー特有のケガと言えます。

使用テープ	●ハード伸縮テープ／50mm

1 2本のアンカーを巻く

ヒジを軽く曲げてリラックスします。上腕と前腕にアンカーを巻きます。

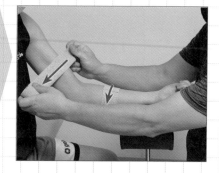

2 腕に沿って1本目を貼る

アンカーからアンカーの長さに切ったテーピングを十分に伸ばして、内側に沿って貼ります。

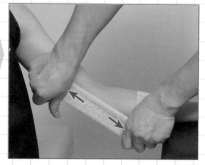

3 内側側副靭帯でクロスさせる

1本目に対してクロスするように2本目を貼ります。Xの交点が内側側副靭帯です。

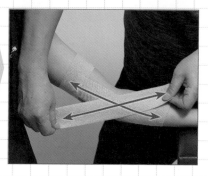

4 逆向きにクロスさせる

2本目とは逆の角度で3本目を貼ります。これも交点が内側側副靭帯に来るようにします。

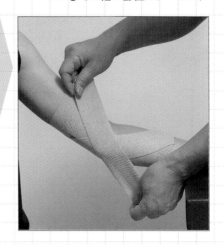

5 アンカーで末端を固定する

3本のテーピングがはがれないように、2本のアンカーを重ねて貼ります。

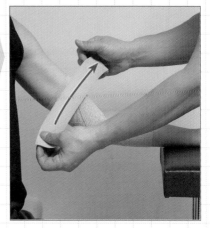

6 交点に集めて靭帯を保護する

3本のテーピングで内側側副靭帯に向かってテンションがかかります。痛みの軽減、再発予防効果があります。

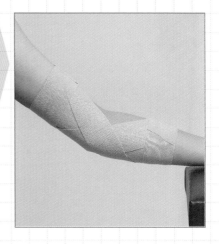

肩の動作補助の
テーピング

ゴールキーパーは1cmでも遠くへ腕を伸ばしたいと考えます。動作を補助する効果のあるテーピングで、肩の可動域を広げることができます。ポイントはテンションをまったくかけずに、皮膚がその下の筋肉から浮くようにすることです。

使用テープ	●ハード伸縮テープ／50mm

1 肩の 上部から下まで

テーピングにまったくテンションをかけないで置きます。受ける側は肩を下ろしてリラックスします。

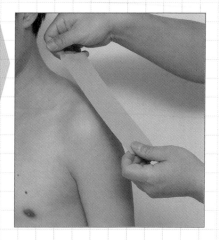

2 肩の上部に ふわりと置く

テーピングを伸ばさずに肩の上部にふわりと置きます。このとき肩の丸みでテンションがかからないように、下部はまだ浮かせておきます。

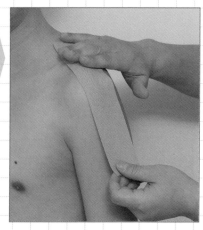

3 肩の丸みに沿って置く

テーピングを軽くさするようにして、少しずつ肩の丸みに沿って置いていきます。

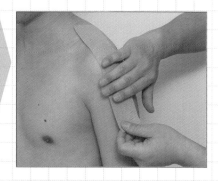

4 最後までゆっくりと軽く

慌てずゆっくりと下部まで貼っていきます。

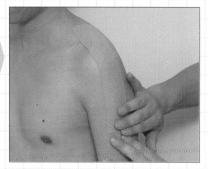

5 隣にもう1本置いてもいい

1本目の隣にもう一本置くとより皮膚が軽く感じられます。こちらも同じようにテンションをかけません。

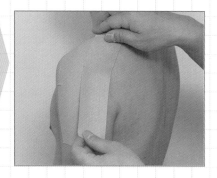

★完成

6 腕を上げると皮膚が浮く

テンションがかかっていないので、腕を上げると皮膚がテーピングによって持ち上がり、軽く感じます。

 POINT 腕を上げたときにシワができる／腕を上げたときに、シワができるように貼るのがポイントです。

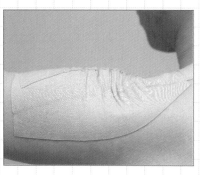

STAFF
- ●編集／株式会社多聞堂
- ●取材・構成／大久保 亘
- ●撮影／齋藤 豊
- ●写真／iStock
- ●デザイン／田中図案室

サッカー　勝つテーピングスキル
目的別完全マニュアル

2021 年 5 月 30 日　第 1 版・第 1 刷発行

監修者　久保田　武晴（くぼた　たけはる）
発行者　株式会社メイツユニバーサルコンテンツ
　　　　代表者　三渡　治
　　　　〒102-0093 東京都千代田区平河町一丁目1-8
印　刷　三松堂株式会社

ご意見・ご感想はホームページから承っております。
ウェブサイト　https://www.mates-publishing.co.jp/

編集長：折居かおる　副編集長：堀明研斗　企画担当：堀明研斗